MINHAS ANOTAÇÕES CULINÁRIAS

Editora
ALAÚDE

_____

_____

_____

_____

_____

_____

_____

_____

_____

_____

_____

_____

_____

_____

_____

_____

_____

_____

_____

  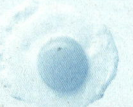 

Não coma nada que sua avó não reconheceria como comida.
– Michael Pollan

_____
_____
_____
_____
_____
_____
_____
_____
_____
_____
_____
_____
_____
_____
_____
_____
_____
_____

A cozinha aperfeiçoa a alimentação, e a gastronomia aperfeiçoa a cozinha.
– Jean-Baptiste Revel

DESAFIOS
CULINÁRIOS

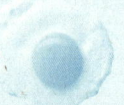

A boa cozinha ocorre quando as coisas têm o gosto do que são.
– Maurice Curnonsky

DESAFIOS
CULINÁRIOS

_____

_____

_____

_____

_____

_____

_____

_____

_____

_____

_____

_____

_____

_____

_____

_____

_____

_____

_____

_____

_____

_____

_____

_____

_____

_____

_____

_____

_____

_____

_____

_____

_____

_____

_____

_____

_____

_____

_____

_____

_____

_____

Tudo de que você precisa é amor. Mas um chocolatinho de vez em quando também cai bem.
– Charles M. Schulz ·

_____

_____

_____

_____

_____

_____

_____

_____

_____

_____

_____

_____

_____

_____

_____

_____

_____

 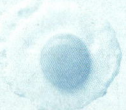 

Não é possível pensar direito, amar direito, dormir direito, sem jantar direito.
– Virginia Woolf

_____

_____

_____

_____

_____

_____

_____

_____

_____

_____

_____

_____

_____

_____

_____

_____

_____

_____

Não pergunte o que você pode fazer pelo seu país. Pergunte o que tem para o almoço.
– Orson Welles

DESAFIOS
CULINÁRIOS

_____

_____

_____

_____

_____

_____

_____

_____

_____

_____

_____

_____

_____

_____

_____

_____

_____

_____

_____

 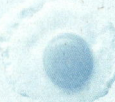 

Os fatos mais importantes da vida são cinco: nascer, comer, dormir, amar e morrer.
— E.M. Forster

_____

_____

_____

_____

_____

_____

_____

_____

_____

_____

_____

_____

_____

_____

_____

_____

_____

_____

_____

Nénhum homem está sozinho quando come espaguete, é algo que chama muita atenção.
– Christopher Morley

_____

_____

_____

_____

_____

_____

_____

_____

_____

_____

_____

_____

_____

_____

_____

_____

_____

_____

 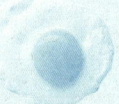 

Depois de um bom jantar, é possível perdoar qualquer um, até os parentes.
– Oscar Wilde.

_____

_____

_____

_____

_____

_____

_____

_____

_____

_____

_____

_____

_____

_____

_____

_____

_____

Aproveite o momento. Lembre-se de todas as mulheres a bordo do Titanic
que dispensaram o carrinho de sobremesas. – Erma Bombeck

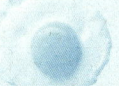

Não há amor mais sincero do que o amor pela comida.
– George Bernard Shaw

_____

_____

_____

_____

_____

_____

_____

_____

_____

_____

_____

_____

_____

_____

_____

_____

_____

_____

Costumo cozinhar com vinho; de vez em quando até uso nas receitas.
– W.C. Fields

DESAFIOS
CULINÁRIOS

_____

_____

_____

_____

_____

_____

_____

_____

_____

_____

_____

_____

_____

_____

_____

_____

_____

_____

 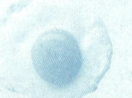 

_____

_____

_____

_____

_____

_____

_____

_____

_____

_____

_____

_____

_____

_____

_____

_____

_____

_____

_____

_____

_____

Bom humor nos mantém vivos, bom humor e comida. Não se esqueça da comida;
você consegue passar uma semana sem dar risada. – Joss Whedon

_____

_____

_____

_____

_____

_____

_____

_____

_____

_____

_____

_____

_____

_____

_____

_____

_____

_____

_____
_____
_____
_____
_____
_____
_____
_____
_____
_____
_____
_____
_____
_____
_____
_____
_____
_____
_____

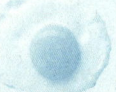

Sorvetes são uma iguaria. É uma pena que não sejam ilegais.
– Voltaire

_____

_____

_____

_____

_____

_____

_____

_____

_____

_____

_____

_____

_____

_____

_____

_____

_____

Não precisa de um talher de prata para comer boa comida.
– Paul Prudhomme

_____

_____

_____

_____

_____

_____

_____

_____

_____

_____

_____

_____

_____

_____

_____

_____

_____

_____

_____

 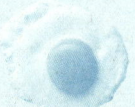 

Tudo que você está vendo, eu devo ao espaguete.
— Sophia Loren

_____

_____

_____

_____

_____

_____

_____

_____

_____

_____

_____

_____

_____

_____

_____

_____

_____

Seu corpo não é um templo, é um parque de diversões. Aproveite!
– Anthony Bourdain

_____

_____

_____

_____

_____

_____

_____

_____

_____

_____

_____

_____

_____

_____

_____

_____

_____

_____

_____

_____

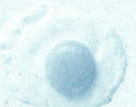

Preparar um bom prato é uma expressão artística, uma das alegrias da vida civilizada.
– Dione Lucas

_____

_____

_____

_____

_____

_____

_____

_____

_____

_____

_____

_____

_____

_____

_____

_____

_____

_____

_____

_____

O conhecimento é o alimento da alma.
— Platão

_____

_____

_____

_____

_____

_____

_____

_____

_____

_____

_____

_____

_____

_____

_____

_____

_____

_____

_____

_____

 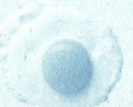 

Maionese: um dos molhos que une a França mais do que qualquer religião.
– Ambrose Bierce

_____
_____
_____
_____
_____
_____
_____
_____
_____
_____
_____
_____
_____
_____
_____
_____
_____
_____
_____
_____

O que é o patriotismo se não o amor pelo que se comia quando era criança?
– Lin Yutang

DESAFIOS
CULINÁRIOS

_____

_____

_____

_____

_____

_____

_____

_____

_____

_____

_____

_____

_____

_____

_____

_____

_____

_____

 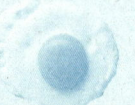 

Como é possível governar um país que tem 246 variedades de queijo?
– Charles de Gaulle

_____

_____

_____

_____

_____

_____

_____

_____

_____

_____

_____

_____

_____

_____

_____

_____

_____

_____

_____

_____

_____

Odeio pessoas que não levam as refeições a sério. É tão fútil da parte delas.
– Oscar Wilde

_____

_____

_____

_____

_____

_____

_____

_____

_____

_____

_____

_____

_____

_____

_____

_____

_____

_____

_____

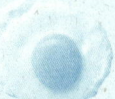

Sexo é bom, mas não tão bom quanto milho cozido quentinho.
– Garrison Keillor

DESAFIOS CULINÁRIOS

_____

_____

_____

_____

_____

_____

_____

_____

_____

_____

_____

_____

_____

_____

_____

_____

_____

_____

Não sou uma glutona; sou uma exploradora culinária.
– Erma Bombeck

DESAFIOS
CULINÁRIOS

_____

_____

_____

_____

_____

_____

_____

_____

_____

_____

_____

_____

_____

_____

_____

_____

_____

_____

_____

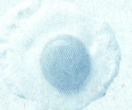

A única boa hora para comer comida de dieta é enquanto esperamos o bife ficar pronto.
– Julia Child

_____

_____

_____

_____

_____

_____

_____

_____

_____

_____

_____

_____

_____

_____

_____

_____

_____

_____

Todos os aborrecimentos parecem menores com pão.
— Miguel de Cervantes

DESAFIOS
CULINÁRIOS

_____

_____

_____

_____

_____

_____

_____

_____

_____

_____

_____

_____

_____

_____

_____

_____

_____

_____

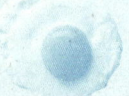

Cozinhar é, ao mesmo tempo, brincadeira de criança e alegria de adulto.
E cozinhar com carinho é um ato de amor. – Craig Claiborne

_____

_____

_____

_____

_____

_____

_____

_____

_____

_____

_____

_____

_____

_____

_____

_____

_____

_____

_____

Coma como um rei no café da manhã, como um príncipe no almoço
e como um mendigo no jantar. – Ditado popular

_____
_____
_____
_____
_____
_____
_____
_____
_____
_____
_____
_____
_____
_____
_____
_____
_____
_____
_____
_____

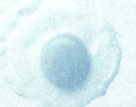

A descoberta de um novo prato contribui mais para a felicidade da humanidade
do que a descoberta de uma estrela. – Jean-Anthelme Brillat-Savarin

DESAFIOS
CULINÁRIOS

_____
_____
_____
_____
_____
_____
_____
_____
_____
_____
_____
_____
_____
_____
_____
_____
_____
_____
_____

Tocar música durante o jantar é um insulto tanto para o cozinheiro quanto para o violinista.
– G.K. Chesterton

_____
_____
_____
_____
_____
_____
_____
_____
_____
_____
_____
_____
_____
_____
_____
_____
_____
_____
_____

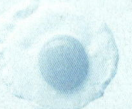

Quando dou comida aos pobres, me chamam de santo.
Quando pergunto por que os pobres não têm comida, me chamam de comunista.
– Dom Helder Câmara

_____

_____

_____

_____

_____

_____

_____

_____

_____

_____

_____

_____

_____

_____

_____

_____

_____

_____

_____

_____

_____

_____

_____

_____

_____

_____

_____

_____

_____

_____

_____

_____

_____

_____

_____

_____

E digo mais: se um homem gosta de verdade de batatas,
ele deve ser um cara bem bacana. – A.A. Milne

DESAFIOS
CULINÁRIOS

_____

_____

_____

_____

_____

_____

_____

_____

_____

_____

_____

_____

_____

_____

_____

_____

_____

_____

_____

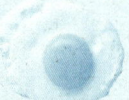

Na cozinha, o único empecilho de verdade é o medo de errar.
– Julia Child

_____

_____

_____

_____

_____

_____

_____

_____

_____

_____

_____

_____

_____

_____

_____

_____

_____

_____

_____

É possível dizer bastante sobre o caráter de alguém só pelo jeito de comer balas de goma.
– Ronald Reagan

_____

_____

_____

_____

_____

_____

_____

_____

_____

_____

_____

_____

_____

_____

_____

_____

_____

_____

 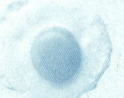 

_____

_____

_____

_____

_____

_____

_____

_____

_____

_____

_____

_____

_____

_____

_____

_____

Primeiro, nós comemos; depois, fazemos todas as outras coisas.
– M.F.K. Fisher

_____

_____

_____

_____

_____

_____

_____

_____

_____

_____

_____

_____

_____

_____

_____

_____

_____

_____

A vida é cheia de incertezas. Coma a sobremesa primeiro.
– Ernestine Ulmer

DESAFIOS
CULINÁRIOS

_____

_____

_____

_____

_____

_____

_____

_____

_____

_____

_____

_____

_____

_____

_____

_____

Os anos de idade e os copos de vinho são duas coisas que nunca deveriam ser somadas.
– Ditado popular

_____

_____

_____

_____

_____

_____

_____

_____

_____

_____

_____

_____

_____

_____

_____

_____

_____

_____

_____

_____

_____

_____

_____

_____

_____

_____

_____

_____

_____

_____

_____

_____

_____

Uma dieta equilibrada é um cookie em cada mão.
— Barbara Johnson

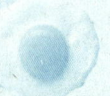

_____

_____

_____

_____

_____

_____

_____

_____

_____

_____

_____

_____

_____

_____

_____

_____

_____

_____

_____

_____

_____

_____

_____

_____

_____

_____

_____

_____

_____

_____

_____

_____

_____

_____

_____

_____

_____

_____

_____

_____

O médico me disse para não mais cozinhar jantares para quatro pessoas
a menos que haja mais três pessoas à mesa. – Orson Welles

DESAFIOS
CULINÁRIOS

_____

_____

_____

_____

_____

_____

_____

_____

_____

_____

_____

_____

_____

_____

_____

_____

_____

_____

_____

 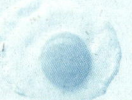 

O meu fraco sempre foi comida e homens, nessa ordem.
– Dolly Parton

_____

_____

_____

_____

_____

_____

_____

_____

_____

_____

_____

_____

_____

_____

_____

_____

_____

_____

_____

Cozinhar é como amar: dedique-se inteiramente ou nem comece.
– Harriet van Horne

DESAFIOS
CULINÁRIOS

_____

_____

_____

_____

_____

_____

_____

_____

_____

_____

_____

_____

_____

_____

_____

_____

_____

_____

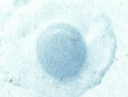

Um corajoso, o homem que primeiro comeu uma ostra.
– Jonathan Swift

_____
_____
_____
_____
_____
_____
_____
_____
_____
_____
_____
_____
_____
_____
_____
_____
_____
_____
_____
_____
_____

A felicidade depende de uma boa mesa de café da manhã.
– John Gunther

O banquete está na primeira garfada.
- Ditado popular

_____

_____

_____

_____

_____

_____

_____

_____

_____

_____

_____

_____

_____

_____

_____

_____

_____

_____

_____

_____

_____

_____

Certas coisas só são amargas se a gente as engole.
– Millôr Fernandes

_____

_____

_____

_____

_____

_____

_____

_____

_____

_____

_____

_____

_____

_____

_____

_____

_____

_____

_____

_____

_____

 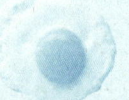 

Uma feijoada só é realmente completa quando tem uma ambulância de plantão.
– Stanislaw Ponte Preta

_____
_____
_____
_____
_____
_____
_____
_____
_____
_____
_____
_____
_____
_____
_____
_____
_____
_____
_____

_____

_____

_____

_____

_____

_____

_____

_____

_____

_____

_____

_____

_____

_____

_____

_____

_____

_____

Tenho quase certeza de que comer chocolate evita rugas porque nunca vi uma criança
de 10 anos com um tablete na mão e pés de galinha no rosto. – Amy Neftzger

DESAFIOS
CULINÁRIOS

_____

_____

_____

_____

_____

_____

_____

_____

_____

_____

_____

_____

_____

_____

_____

_____

_____

_____

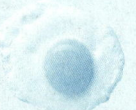

Compartilhar o alimento com outro ser humano é um ato tão íntimo
que não pode ser feito levianamente. – M.F.K. Fisher

_____
_____
_____
_____
_____
_____
_____
_____
_____
_____
_____
_____
_____
_____
_____
_____
_____
_____
_____

_____

_____

_____

_____

_____

_____

_____

_____

_____

_____

_____

_____

_____

_____

_____

_____

_____

_____

O alimento é uma dádiva e deve ser tratado com reverência, deve ser romanceado
e ritualizado e temperado com memórias. – Chris Bohjalian

DESAFIOS
CULINÁRIOS

_____

_____

_____

_____

_____

_____

_____

_____

_____

_____

_____

_____

_____

_____

_____

_____

_____

 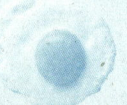 

Bolos são como livros: há os novos que despertam a curiosidade
e os velhos conhecidos que queremos revisitar de vez em quando. – Ellen Rose

DESAFIOS
CULINÁRIOS

_____
_____
_____
_____
_____
_____
_____
_____
_____
_____
_____
_____
_____
_____
_____
_____
_____
_____
_____
_____
_____

Qualquer pessoa que se ache muito adulta ou muito sofisticada para comer
pipoca caramelizada não tem lugar na minha mesa de jantar. – Ruth Reichl

_____

_____

_____

_____

_____

_____

_____

_____

_____

_____

_____

_____

_____

_____

_____

_____

_____

 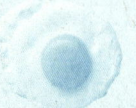 

Há apenas dez minutos na vida de uma pera durante os quais ela está perfeita para ser saboreada. – Ralph Waldo Emerson

DESAFIOS
CULINÁRIOS

_____

_____

_____

_____

_____

_____

_____

_____

_____

_____

_____

_____

_____

_____

_____

_____

_____

_____

_____

_____

Para comer bem na Inglaterra, é preciso tomar café da manhã três vezes por dia.
– W. Somerset Maugham

DESAFIOS
CULINÁRIOS

_____

_____

_____

_____

_____

_____

_____

_____

_____

_____

_____

_____

_____

_____

_____

_____

_____

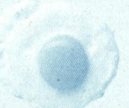

Os restaurantes nos libertam da realidade mundana, faz parte do seu charme.
– Ruth Reichl

_____

_____

_____

_____

_____

_____

_____

_____

_____

_____

_____

_____

_____

_____

_____

_____

_____

_____

Até acho que existam pessoas que dispensem guacamole de graça;
ou são alérgicas a abacate ou não tem amor pela vida. – Frank Bruni

DESAFIOS
CULINÁRIOS

_____

_____

_____

_____

_____

_____

_____

_____

_____

_____

_____

_____

_____

_____

_____

_____

_____

_____

_____

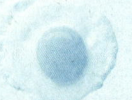

Com a barriga cheia, tudo é poesia.
– Frank McCourt

DESAFIOS
CULINÁRIOS

_____

_____

_____

_____

_____

_____

_____

_____

_____

_____

_____

_____

_____

_____

_____

_____

_____

_____

_____

_____

_____

Na hora de comer, o cérebro deve servir ao estômago.
– Agatha Christie

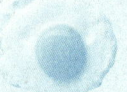

Comer é uma necessidade, mas comer com inteligência é uma arte.
– François de La Rochefoucauld

DESAFIOS CULINÁRIOS

_____
_____
_____
_____
_____
_____
_____
_____
_____
_____
_____
_____
_____
_____
_____
_____
_____
_____

Boa comida é, com frequência, quase sempre, comida simples.
– Anthony Bourdain

DESAFIOS
CULINÁRIOS

_____

_____

_____

_____

_____

_____

_____

_____

_____

_____

_____

_____

_____

_____

_____

_____

_____

_____

_____

_____

Um bom cozinheiro é como um feiticeiro que distribui felicidade.
– Elsa Schiaparelli

DESAFIOS
CULINÁRIOS

_____

_____

_____

_____

_____

_____

_____

_____

_____

_____

_____

_____

_____

_____

_____

_____

_____

_____

_____

_____

_____